파워포인트 2016

초판 발행일 | 2021년 3월 30일
지은이 | 해람북스 기획팀
펴낸이 | 최용섭
총편집인 | 이준우
기획진행 | 김미경
표지디자인 | 김영리
편집디자인 | 김영리

주소 | 서울시 용산구 한남대로 11길 12, 6층
문의전화 | 02-6337-5419 팩스 02-6337-5429
홈페이지 | http://www.hrbooks.co.kr

발행처 | (주)미래엔에듀파트너   **출판등록번호** | 제2016-000047호

ISBN 979-11-6571-141-2 13000

상담을 원하시거나 아이가 컴퓨터 수업에 참석할 수 없는 경우에 아래 연락처로 미리 연락주시기 바랍니다.

★컴퓨터 선생님 성함 :＿＿＿＿＿＿＿＿＿＿   ★내 자리 번호 :＿＿＿＿＿＿＿

★컴퓨터 교실 전화번호 :＿＿＿＿＿＿＿＿＿＿＿＿＿＿＿＿＿＿＿＿

★나의 컴교실 시간표   요일 :＿＿＿＿＿＿＿   시간 :＿＿＿＿＿＿＿

※ 학생들이 컴퓨터실에 올 때는 컴퓨터 교재와 필기도구를 꼭 챙겨서 올 수 있도록 해 주시고, 인형, 딱지, 휴대폰 등은 컴퓨터 시간에 꺼내지 않도록 지도 바랍니다.

시간표 및 출석 확인란입니다. 꼭 확인하셔서 결석이나 지각이 없도록 협조 바랍니다.

＿＿＿＿＿ 월

월	화	수	목	금

시간표 및 출석 확인란입니다. 꼭 확인하셔서 결석이나 지각이 없도록 협조
바랍니다.

_____ 월

월	화	수	목	금

 시간표 및 출석 확인란입니다. 꼭 확인하셔서 결석이나 지각이 없도록 협조
바랍니다.

_____ 월

월	화	수	목	금

나의 타자 단계

이름 : _____

⭐ 오타 수가 5개를 넘지 않는 친구는 선생님께 확인을 받은 후 다음 단계로 넘어가서 연습합니다.

자리 연습	1단계	2단계	3단계	4단계	5단계	6단계	7단계	8단계
보고하기								
안보고하기								

낱말 연습	1단계	2단계	3단계	4단계	5단계	6단계	7단계	8단계
보고하기								
안보고하기								

자리연습	1번 연습	2번 연습	3번 연습	4번 연습	5번 연습	6번 연습	7번 연습	8번 연습
10개 이상								
20개 이상								
30개 이상								

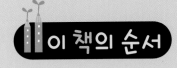

이 책의 순서

컴퓨터와 진탕놀기

01 해와 구름 만들기

학습목표

- 도형을 삽입해요.
- 도형 채우기와 도형 윤곽선을 변경해요.
- 완성된 작품을 저장해요.

▶ 완성 파일 : 01_해와 구름_완성.pptx

미션 1 도형을 삽입해 보아요.

① [윈도우 로고 키(■)]-[PowerPoint 2016] 메뉴를 클릭하여 파워포인트 프로그램을 실행합니다. [빈 화면] 레이아웃을 적용한 후 [홈] 탭-[그리기] 그룹에서 [자세히] 단추를 클릭하여 '해(❋)' 도형을 선택하고 드래그하여 도형을 삽입합니다.

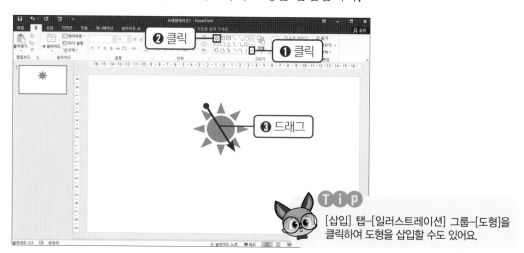

Tip
[삽입] 탭-[일러스트레이션] 그룹-[도형]을
클릭하여 도형을 삽입할 수도 있어요.

② '해(❋)' 도형을 선택한 후 드래그하여 도형을 이동시키고, 도형의 조절점(○)을 드래그하여 크기를 조절합니다.

위치 이동

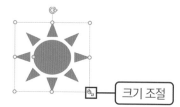

크기 조절

미션 2 **도형 채우기와 도형 윤곽선을 변경해 보아요.**

1 '해(☼)' 도형을 선택한 후 [그리기 도구]-[서식] 탭-[도형 스타일] 그룹-[도형 채우기]-
[빨강]을 클릭합니다.

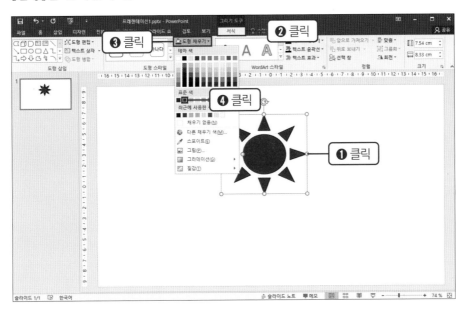

2 이어서 [도형 윤곽선]-[진한 빨강]을 클릭합니다.

Tip
[홈] 탭-[그리기] 그룹에서도 [도형 채우기]와
[도형 윤곽선]을 지정할 수 있어요.

③ [홈] 탭-[그리기] 그룹에서 '구름(☁)' 도형을 그림과 같이 삽입한 후 [그리기 도구]-[서식] 탭-[도형 스타일] 그룹-[도형 채우기]-[흰색, 배경 1], [도형 윤곽선]-[흰색, 배경 1, 50% 더 어둡게]를 선택합니다.

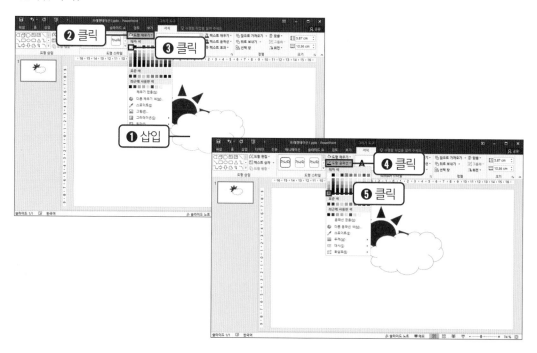

④ [파일] 탭-[다른 이름으로 저장]-[찾아보기] 메뉴를 클릭하여 [다른 이름으로 저장] 대화 상자가 나타나면 저장 위치를 지정한 후 파일 이름을 입력하고 [저장] 단추를 클릭합니다.

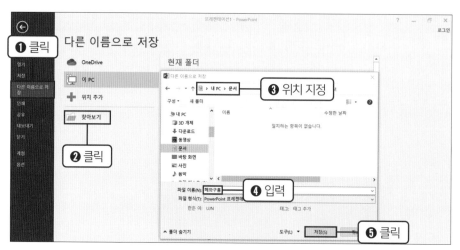

혼자 할 수 있어요!

01 다음과 같이 '구름(☁)' 도형과 '번개(⚡)' 도형을 삽입한 후 도형 채우기와 도형 윤곽선을 변경해 보세요.

• 완성 파일 : 01_번개_완성.pptx

도형 채우기 : 흰색, 배경 1

• 도형 채우기 : 노랑
• 도형 윤곽선 : 주황

02 다음과 같이 '구름(☁)' 도형과 '눈물 방울(💧)' 도형을 삽입한 후 도형 채우기와 도형 윤곽선을 변경해 보세요.

• 완성 파일 : 01_비_완성.pptx

도형 채우기 : 흰색, 배경 1

• 도형 채우기 : 파랑, 강조 1, 80% 더 밝게
• 도형 윤곽선 : 파랑, 강조 1, 40% 더 밝게

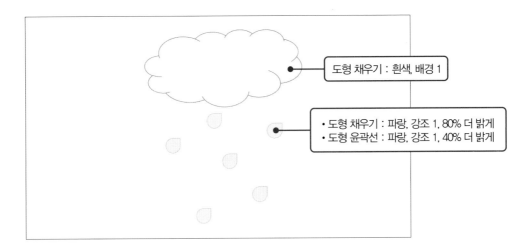

02 달과 별 만들기

• 회전 조절점을 이용하여 도형을 회전시켜요.
• 단축키를 이용하여 도형을 복사해요.

▶ 완성 파일 : 02_밤하늘_완성.pptx

 회전 조절점을 이용하여 도형을 회전시켜 보아요.

1 [홈] 탭-[그리기] 그룹에서 '달(☾)' 도형을 선택한 후 마우스를 드래그하여 '달(☾)' 도형을 삽입합니다.

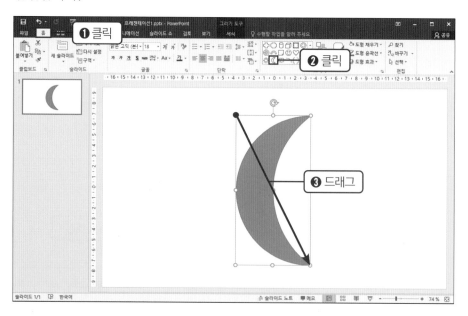

② 도형이 삽입되면 '달(☾)' 도형을 선택한 후 [그리기 도구]-[서식] 탭-[도형 스타일] 그룹-
[도형 채우기]-[노랑], [도형 윤곽선]-[주황]을 지정합니다.

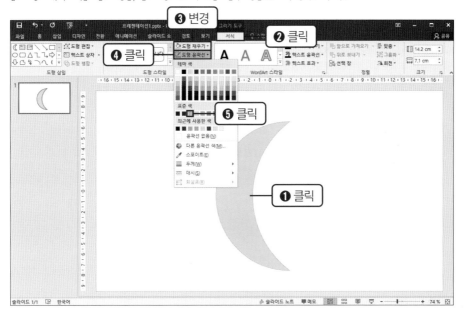

③ 이어서 회전 조절점(⟳)을 드래그하여 '달(☾)' 도형을 회전시킵니다.

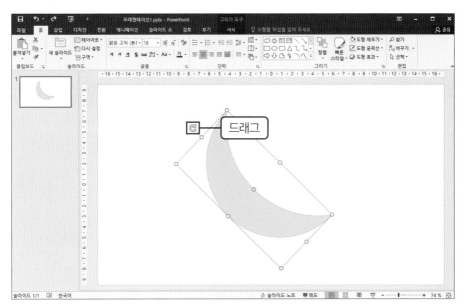

미션 2 **단축키를 이용하여 도형을 복사해 보아요.**

❶ '포인트가 5개인 별(☆)' 도형을 삽입하고 [그리기 도구]-[서식] 탭-[도형 스타일] 그룹-
[도형 채우기]-[주황, 강조 2, 80% 더 밝게], [도형 윤곽선]-[윤곽선 없음]을 지정합니다.

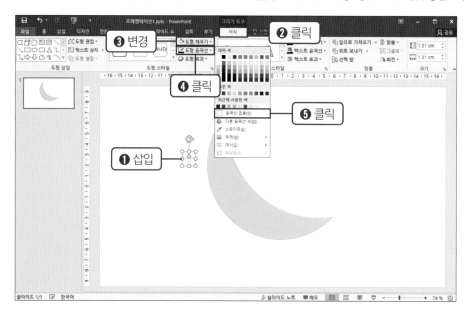

❷ '포인트가 5개인 별(☆)' 도형의 회전 조절점(◉)을 드래그하여 그림과 같이 회전시킵니다.

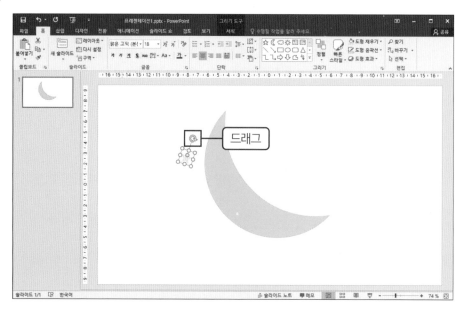

③ '포인트가 5개인 별(☆)'을 선택하고 Ctrl 을 누른 상태로 드래그하여 도형을 복사합니다.

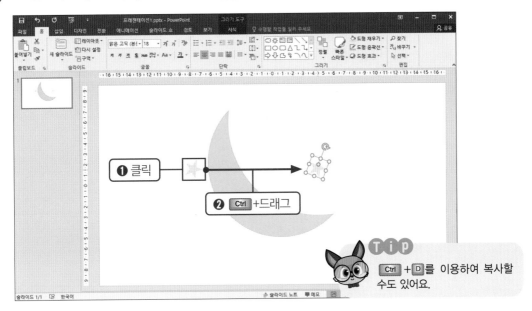

❶ 클릭

❷ Ctrl +드래그

Tip
Ctrl + D 를 이용하여 복사할 수도 있어요.

④ 같은 방법으로 '포인트가 4개인 별(✧)', '포인트가 6개인 별(✿)', '포인트가 8개인 별(✸)' 도형을 삽입하고 복사한 후 도형 채우기와 도형 윤곽선을 각각 지정하고 회전시킵니다.

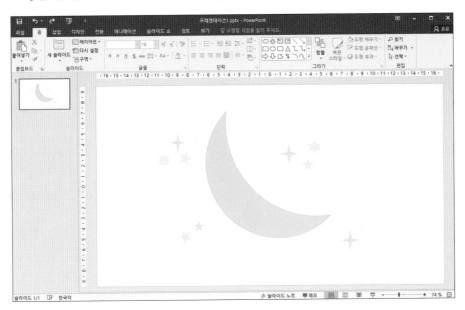

02 혼자 할 수 있어요!

01 도형을 삽입하고 회전 및 복사 기능을 이용하여 그림과 같이 리본을 완성해 보세요.

• 완성 파일 : 02_리본_완성.pptx

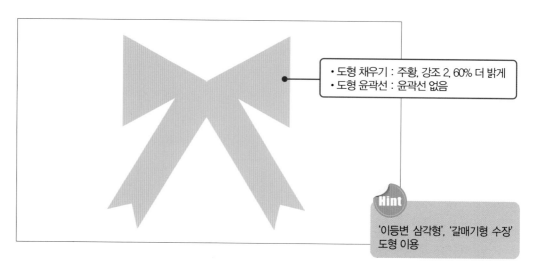

• 도형 채우기 : 주황, 강조 2, 60% 더 밝게
• 도형 윤곽선 : 윤곽선 없음

Hint
'이등변 삼각형', '갈매기형 수장' 도형 이용

02 도형을 삽입하고 회전 및 복사 기능을 이용하여 그림과 같이 카드를 완성해 보세요.

• 완성 파일 : 02_카드_완성.pptx

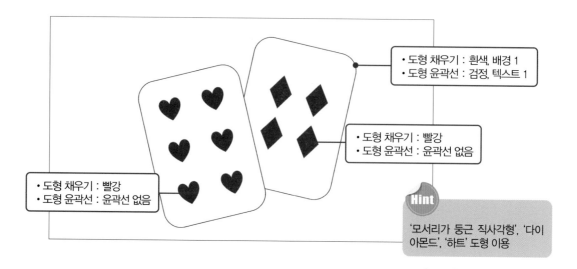

• 도형 채우기 : 흰색, 배경 1
• 도형 윤곽선 : 검정, 텍스트 1

• 도형 채우기 : 빨강
• 도형 윤곽선 : 윤곽선 없음

• 도형 채우기 : 빨강
• 도형 윤곽선 : 윤곽선 없음

Hint
'모서리가 둥근 직사각형', '다이아몬드', '하트' 도형 이용

03 시원한 수박 만들기

학 습 목 표

- 모양 조절점으로 도형의 모양을 변경해요.
- 도형 채우기를 그라데이션으로 지정해요.

▶ 완성 파일 : 03_수박_완성.pptx

미션 1 **모양 조절점을 이용하여 도형의 모양을 변경해 보아요.**

1 [홈] 탭-[그리기] 그룹에서 '원형(◔)' 도형을 선택한 후 마우스를 드래그하여 도형을 삽입합니다.

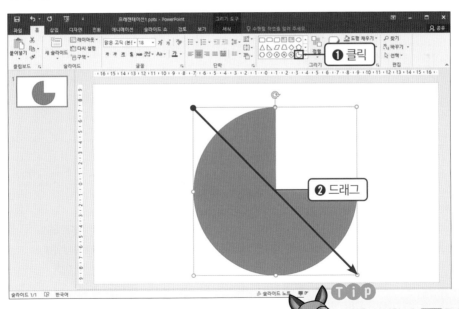

Tip

도형을 삽입할 때 Shift 를 누른 상태로 드래그하면 정원형 도형을 삽입할 수 있어요.

2 도형이 삽입되면 '원형(◔)' 도형을 선택한 후 [그리기 도구]-[서식] 탭-[도형 스타일] 그룹-
[도형 채우기]-[녹색], [도형 윤곽선]-[녹색, 강조 6, 50% 더 어둡게]를 지정합니다.

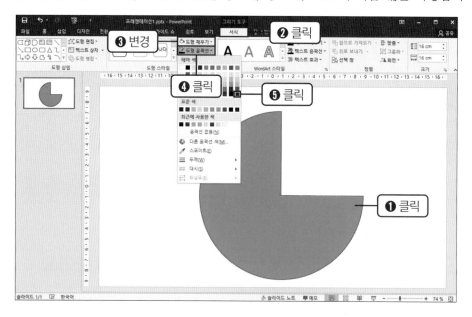

3 이어서 모양 조절점(◎)을 드래그하여 '원형(◔)' 도형의 모양을 그림과 같이 변경합니다.

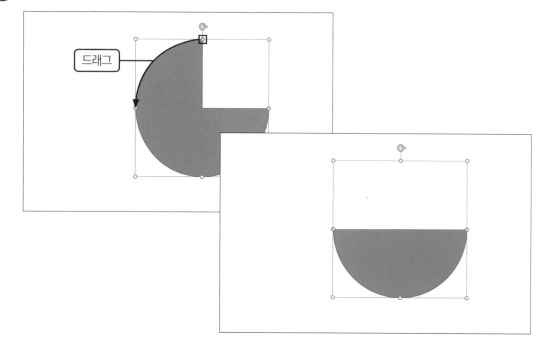

미션2 ## 도형 채우기를 그라데이션으로 지정해 보아요.

1 `Ctrl` 을 이용하여 '원형(◔)' 도형을 2개 복사하고 크기를 변경한 후 도형 채우기와 도형 윤곽선을 그림과 같이 변경합니다.

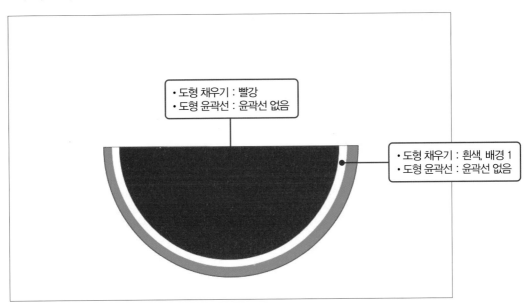

2 빨간색 '원형(◔)' 도형을 선택한 후 [그리기 도구]-[서식] 탭-[도형 스타일] 그룹-[도형 채우기]-[그라데이션]-[선형 위쪽]을 클릭합니다.

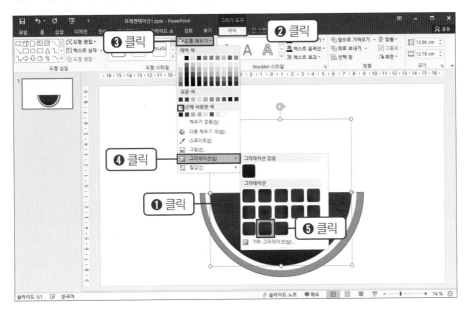

3 '눈물 방울(◌)' 도형을 삽입한 후 도형 채우기와 도형 윤곽선을 지정하고 회전 조절점(◉)을
드래그하여 그림과 같이 회전시킵니다.

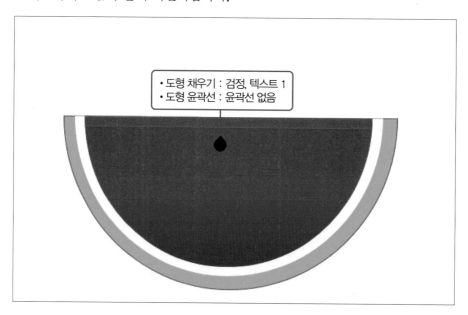

- 도형 채우기 : 검정, 텍스트 1
- 도형 윤곽선 : 윤곽선 없음

4 Ctrl 을 이용하여 '눈물 방울(◌)' 도형을 복사한 후 그림과 같이 수박씨를 만들어 봅니다.

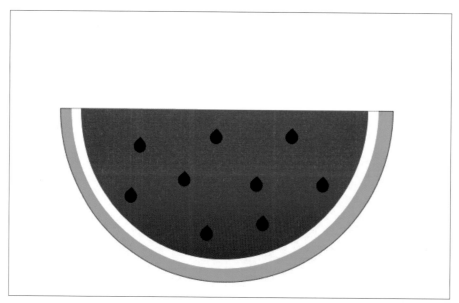

01 도형을 삽입하고 모양을 변경하여 그림과 같이 무당벌레를 완성해 보세요.

• 완성 파일 : 03_무당벌레_완성.pptx

> **Hint**
> • '순서도: 수행의 시작/종료', '원형', '타원' 도형 이용
> • 도형 채우기 및 도형 윤곽선 임의 지정

02 도형을 삽입한 후 모양을 변경하고 그라데이션을 지정하여 그림과 같이 키위를 완성해 보세요.

• 완성 파일 : 03_키위_완성.pptx

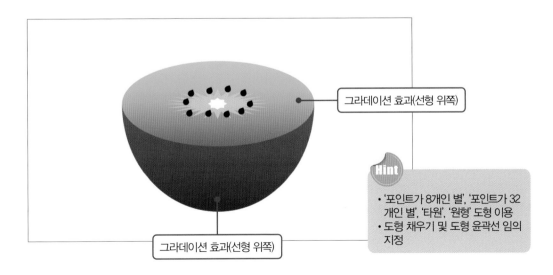

그라데이션 효과(선형 위쪽)

그라데이션 효과(선형 위쪽)

> **Hint**
> • '포인트가 8개인 별', '포인트가 32개인 별', '타원', '원형' 도형 이용
> • 도형 채우기 및 도형 윤곽선 임의 지정

04 귀여운 곰돌이 만들기

학습목표

• 도형의 순서를 변경해요.
• 자유 곡선으로 그림을 그려요.

▶ 완성 파일 : 04_곰_완성.pptx

 도형의 순서를 변경해 보아요.

① '타원(◯)' 도형을 삽입한 후 도형 채우기와 도형 윤곽선을 변경합니다. 이어서 '타원(◯)' 도형을 2개 더 삽입한 후 도형 채우기와 도형 윤곽선을 각각 변경하고 마우스를 드래그하여 2개의 '타원(◯)' 도형을 선택합니다.

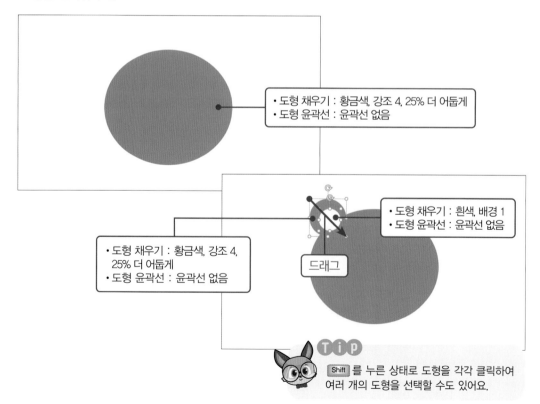

• 도형 채우기 : 황금색, 강조 4, 25% 더 어둡게
• 도형 윤곽선 : 윤곽선 없음

• 도형 채우기 : 흰색, 배경 1
• 도형 윤곽선 : 윤곽선 없음

• 도형 채우기 : 황금색, 강조 4, 25% 더 어둡게
• 도형 윤곽선 : 윤곽선 없음

드래그

Tip

Shift 를 누른 상태로 도형을 각각 클릭하여 여러 개의 도형을 선택할 수도 있어요.

② [그리기 도구]-[서식] 탭-[정렬] 그룹-[뒤로 보내기(▣)]-[맨 뒤로 보내기]를 클릭합니다.

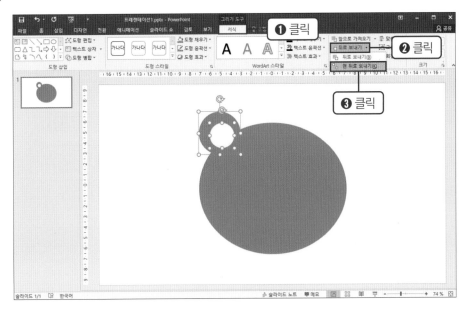

③ ❶~❷와 같은 방법으로 곰의 귀를 만들고 '타원(◯)' 도형을 추가하여 그림과 같이 곰의 얼굴을 완성합니다.

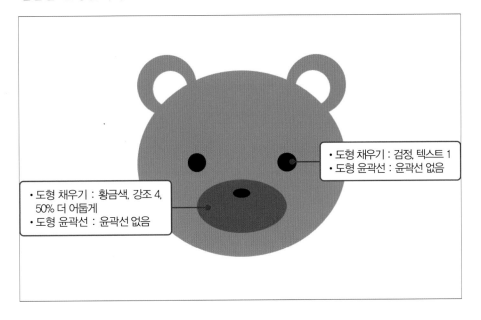

• 도형 채우기 : 검정, 텍스트 1
• 도형 윤곽선 : 윤곽선 없음

• 도형 채우기 : 황금색, 강조 4, 50% 더 어둡게
• 도형 윤곽선 : 윤곽선 없음

자유 곡선 도형으로 자유롭게 그림을 그려 보아요.

① '선(￰)' 도형을 선택한 후 곰의 코와 입술 연결선을 그리고 '자유 곡선(￰)' 도형을 선택하여 곰의 입술을 그린 후 도형 채우기와 도형 윤곽선을 지정합니다.

② Shift 를 누른 상태로 '선(￰)'과 '자유 곡선(￰)' 도형을 각각 클릭하여 선택한 후 [그리기 도구]-[서식] 탭-[도형 스타일] 그룹-[도형 윤곽선]-[두께]-[2¼pt]를 선택합니다.

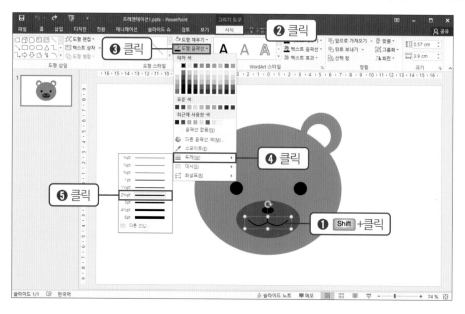

04 혼자 할 수 있어요!

01 도형을 삽입하고 복사 기능을 이용하여 그림과 같이 팬더를 완성해 보세요.

• 완성 파일 : 04_팬더_완성.pptx

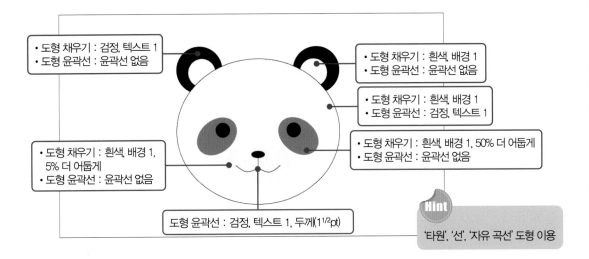

• 도형 채우기 : 검정, 텍스트 1
• 도형 윤곽선 : 윤곽선 없음

• 도형 채우기 : 흰색, 배경 1
• 도형 윤곽선 : 윤곽선 없음

• 도형 채우기 : 흰색, 배경 1
• 도형 윤곽선 : 검정, 텍스트 1

• 도형 채우기 : 흰색, 배경 1, 50% 더 어둡게
• 도형 윤곽선 : 윤곽선 없음

• 도형 채우기 : 흰색, 배경 1, 5% 더 어둡게
• 도형 윤곽선 : 윤곽선 없음

도형 윤곽선 : 검정, 텍스트 1, 두께(1$\frac{1}{2}$pt)

Hint
'타원', '선', '자유 곡선' 도형 이용

02 도형을 삽입하고 복사 기능을 이용하여 그림과 같이 네잎클로버를 완성해 보세요.

• 완성 파일 : 04_네잎클로버_완성.pptx

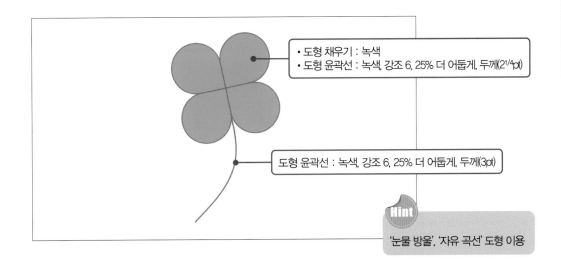

• 도형 채우기 : 녹색
• 도형 윤곽선 : 녹색, 강조 6, 25% 더 어둡게, 두께(2$\frac{1}{4}$pt)

도형 윤곽선 : 녹색, 강조 6, 25% 더 어둡게, 두께(3pt)

Hint
'눈물 방울', '자유 곡선' 도형 이용

05 달콤한 아이스크림 만들기

 학 습 목 표

- 도형을 상하 대칭으로 회전시켜요.
- 도형에 다른 채우기 색을 지정해요.
- 도형에 입체 효과를 적용해요.

▶ 완성 파일 : 05_아이스크림_완성.pptx

미션1 도형을 상하 대칭으로 회전시켜 보아요.

1 '이등변 삼각형(△)' 도형을 삽입한 후 [그리기 도구]-[서식] 탭-[정렬] 그룹-[회전(▣)]-[상하 대칭]을 클릭합니다.

2 '선(◥)', '타원(◯)' 도형을 그림과 같이 삽입한 후 '타원(◯)' 도형을 모두 선택하고 [그리기 도구]-[서식] 탭-[정렬] 그룹-[뒤로 보내기(▣)]-[맨 뒤로 보내기]를 클릭합니다.

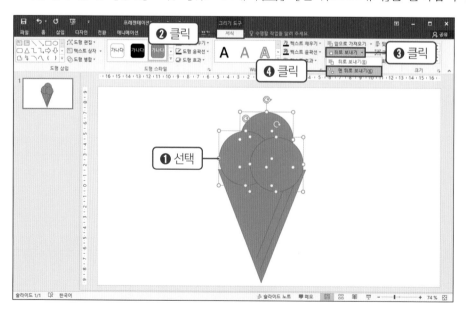

미션 2 **도형에 다른 채우기 색을 지정해 보아요.**

❶ '이등변 삼각형(△)' 도형을 선택한 후 [그리기 도구]-[서식] 탭-[도형 스타일] 그룹-[도형 채우기]-[다른 채우기 색]을 클릭합니다.

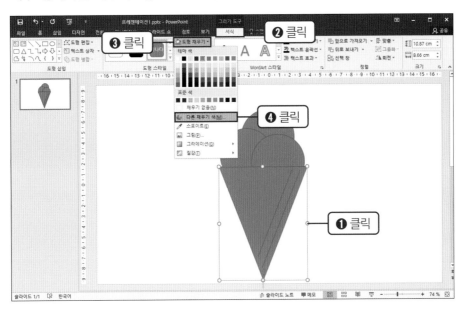

❷ [색] 대화상자가 나타나면 [사용자 지정] 탭을 클릭한 후 원하는 색을 선택하고 [확인] 단추를 클릭합니다. 같은 방법으로 '선(\)', '타원(◯)' 도형의 색상도 각각 변경해 봅니다.

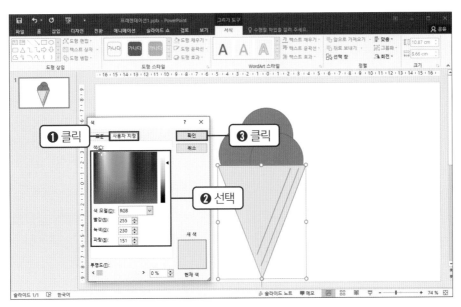

미션3 **도형에 입체 효과를 적용해 보아요.**

1 '타원(◯)' 도형을 삽입하고 도형 채우기와 도형 윤곽선을 변경한 후 [그리기 도구]–[서식] 탭–
[도형 스타일] 그룹–[도형 효과]–[입체 효과]–[둥글게]를 클릭합니다.

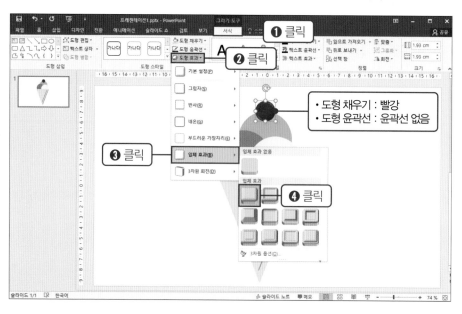

2 '순서도: 수행의 시작/종료(▱)', '자유 곡선(✍)' 도형을 추가하고 크기, 위치, 색상을 변경하여
그림과 같이 아이스크림을 완성해 봅니다.

05 혼자 할 수 있어요!

01 도형을 삽입하고 다른 채우기 색과 입체 효과를 이용하여 그림과 같이 요리 장면을 완성해 보세요.

• 완성 파일 : 05_요리_완성.pptx

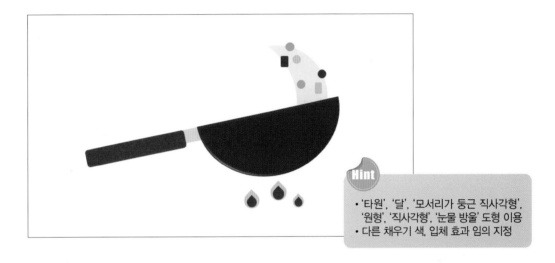

> **Hint**
> • '타원', '달', '모서리가 둥근 직사각형', '원형', '직사각형', '눈물 방울' 도형 이용
> • 다른 채우기 색, 입체 효과 임의 지정

02 도형을 삽입하고 다른 채우기 색과 입체 효과를 이용하여 그림과 같이 병아리를 완성해 보세요.

• 완성 파일 : 05_병아리_완성.pptx

> **Hint**
> • '타원', '다이아몬드', '곡선', '선' 도형 이용
> • 다른 채우기 색, 입체 효과 임의 지정

06 호수 위 오리 만들기

▶ 예제 파일 : 06_호수.pptx
▶ 완성 파일 : 06_호수_완성.pptx

미션 1 도형을 그룹화하여 하나로 묶어 보아요.

1 '06_호수.pptx' 파일을 불러오기 하여 '타원(◯)', '현(◖)' 도형을 삽입하고 도형 채우기와 도형 윤곽선을 지정한 후 '현(◖)' 도형의 회전 조절점(⊕)을 드래그하여 그림과 같이 회전 시킵니다.

- 도형 채우기 : 흰색, 배경 1
- 도형 윤곽선 : 윤곽선 없음

드래그

2 '타원(◯)' 도형을 삽입하여 오리의 눈을 그리고 '순서도: 수행의 시작/종료(▱)' 도형을 삽입하여 오리의 부리를 그립니다. 이어서 부리를 모두 선택한 후 [그리기 도구]-[서식] 탭-[정렬] 그룹-[뒤로 보내기(▣)]-[맨 뒤로 보내기]를 클릭합니다.

오리의 눈은 도형 채우기를 '검정, 텍스트 1'로, 오리의 부리는 도형 채우기를 '주황'으로 설정하고 도형 윤곽선은 '윤곽선 없음'으로 지정해 보세요.

3 마우스를 드래그하여 도형을 모두 선택한 후 [그리기 도구]-[서식] 탭-[정렬] 그룹-[그룹화(▣)]-[그룹]을 클릭합니다.

• Ctrl + A 를 눌러 모든 개체를 선택할 수도 있어요.
• 개체를 선택한 후 Ctrl + G 를 눌러 그룹화할 수도 있어요.

미션 2 **도형에 반사 효과를 지정해 보아요.**

① 그룹화한 도형을 선택한 후 [그리기 도구]–[서식] 탭–[도형 스타일] 그룹–[도형 효과]–
[반사]–[근접 반사, 터치]를 클릭합니다.

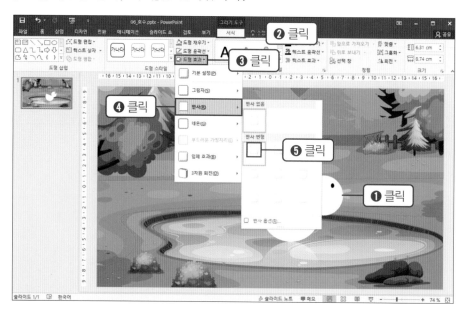

② 반사 효과가 적용된 모습을 확인합니다.

06

혼자 할 수 있어요!

01 도형을 삽입한 후 도형을 그룹화하고 반사 효과를 이용하여 그림과 같이 꽃게를 완성해 보세요.

• 완성 파일 : 06_꽃게_완성.pptx

Hint
• '타원', '원형', '직사각형', '이등변 삼각형' 도형 이용
• 도형 채우기 및 도형 윤곽선, 반사 효과 임의 지정

02 도형을 삽입한 후 도형을 그룹화하고 반사 효과를 이용하여 그림과 같이 거북이를 완성해 보세요.

• 완성 파일 : 06_거북이_완성.pptx

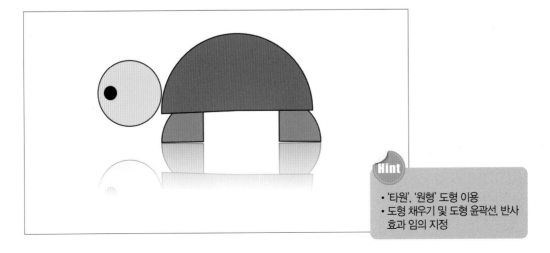

Hint
• '타원', '원형' 도형 이용
• 도형 채우기 및 도형 윤곽선, 반사 효과 임의 지정

07 반짝 반짝 트리 만들기

• 도형에 네온 효과를 지정해요.
• 도형에 입체 효과를 지정해요.

▶ 완성 파일 : 07_트리_완성.pptx

미션 1 도형에 네온 효과를 지정해 보아요.

❶ '사다리꼴(△)', '이등변 삼각형(△)' 도형을 삽입한 후 도형 채우기와 도형 윤곽선을 각각 지정합니다. 이어서 '이등변 삼각형(△)' 도형을 선택하고 Ctrl 을 누른 상태로 드래그하여 복사한 후 그림과 같이 크기와 위치를 조절합니다.

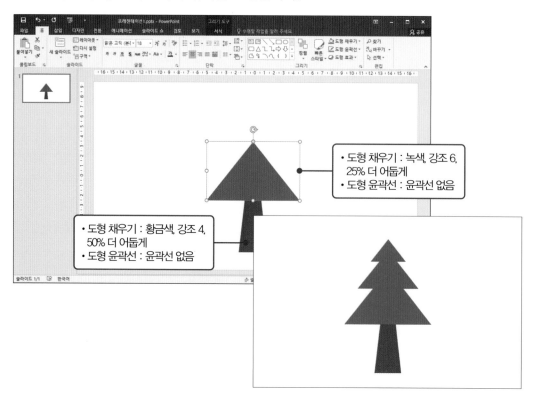

• 도형 채우기 : 녹색, 강조 6, 25% 더 어둡게
• 도형 윤곽선 : 윤곽선 없음

• 도형 채우기 : 황금색, 강조 4, 50% 더 어둡게
• 도형 윤곽선 : 윤곽선 없음

2 트리의 전구를 만들기 위해 '타원(○)' 도형을 삽입하고 [그리기 도구]-[서식] 탭-[도형 채우기]-[노랑], [도형 윤곽선]-[윤곽선 없음]으로 지정한 후 [도형 효과]-[네온]-[황금색, 8 pt 네온, 강조색 4]를 클릭합니다.

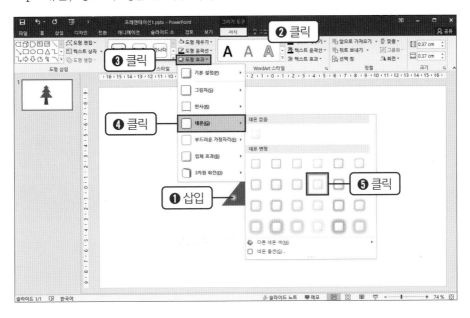

3 네온 효과를 적용한 '타원(○)' 도형을 복사하여 그림과 같이 트리의 전구를 만듭니다. 이어서 '타원(○)' 도형을 추가로 삽입한 후 도형 채우기와 도형 윤곽선을 지정합니다.

• 도형 채우기 : 빨강
• 도형 윤곽선 : 윤곽선 없음

미션 2 **도형에 입체 효과를 적용해 보아요.**

1 '포인트가 5개인 별(☆)' 도형을 삽입한 후 도형 채우기와 도형 윤곽선을 지정합니다.

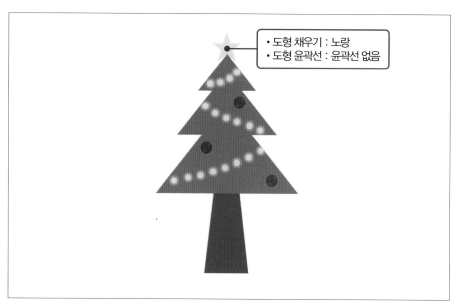

• 도형 채우기 : 노랑
• 도형 윤곽선 : 윤곽선 없음

2 '포인트가 5개인 별(☆)' 도형을 선택한 후 [그리기 도구]–[서식] 탭–[도형 스타일] 그룹–[도형 효과]–[입체 효과]–[둥글게]를 클릭합니다.

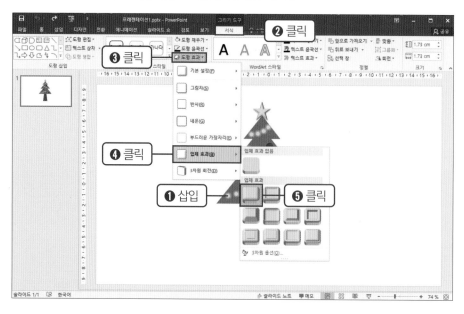

혼자 할 수 있어요!

01 도형을 삽입하고 네온 효과를 이용하여 그림과 같이 루돌프를 완성해 보세요.

• 완성 파일 : 07_루돌프_완성.pptx

Hint
• '순서도: 수행의 시작/종료', '눈물 방울', '타원', '곡선' 도형 이용
• 도형 채우기 및 도형 윤곽선, 네온 효과 임의 지정

02 도형을 삽입하고 네온 효과와 입체 효과를 이용하여 그림과 같이 우주선을 완성해 보세요.

• 완성 파일 : 07_우주선_완성.pptx

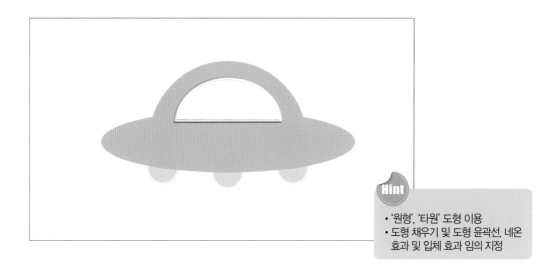

Hint
• '원형', '타원' 도형 이용
• 도형 채우기 및 도형 윤곽선, 네온 효과 및 입체 효과 임의 지정

08 엄마의 핸드백 만들기

 학 습 목 표

• 도형에 네온 효과를 지정해요.
• 다른 네온 색을 지정해요.

▶ 완성 파일 : 08_핸드백_완성.pptx

미션 1 도형에 네온 효과를 지정해 보아요.

❶ '모서리가 둥근 직사각형(▢)', '직사각형(▢)', '액자(▢)' 도형을 삽입한 후 크기와 위치를 조절하고 도형 채우기와 도형 윤곽선을 각각 지정하여 그림과 같이 핸드백의 몸체 부분을 만듭니다.

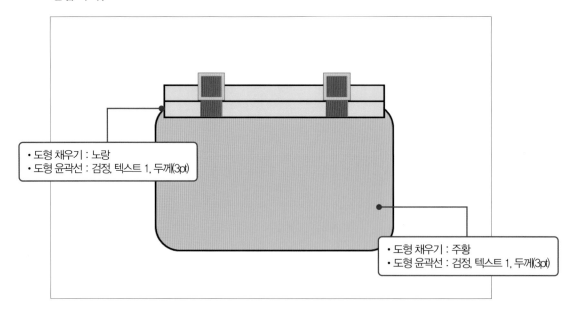

• 도형 채우기 : 노랑
• 도형 윤곽선 : 검정, 텍스트 1, 두께(3pt)

• 도형 채우기 : 주황
• 도형 윤곽선 : 검정, 텍스트 1, 두께(3pt)

2 핸드백 손잡이를 만들기 위해 '막힌 원호(⌒)' 도형을 삽입하고 노란색 조절점(◯)을 드래그하여 두께를 조절한 후 [그리기 도구]-[서식] 탭-[정렬] 그룹-[뒤로 보내기(▣)]-[맨 뒤로 보내기]를 클릭합니다.

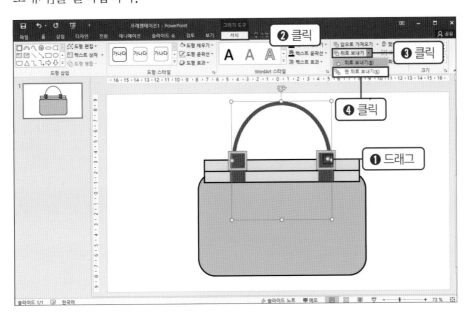

3 이어서 [도형 스타일] 그룹-[도형 효과]-[네온]-[주황, 11 pt 네온, 강조색 2]를 클릭합니다.

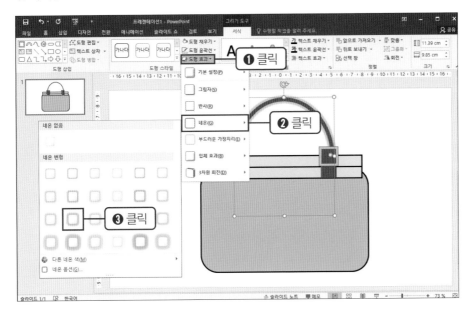

도형에 다른 네온 색을 지정해 보아요.

1 '직사각형(□)', '갈매기형 수장(▷)' 도형을 삽입하여 그림과 같이 핸드백 장식을 만든 후 도형 채우기와 도형 윤곽선을 지정합니다.

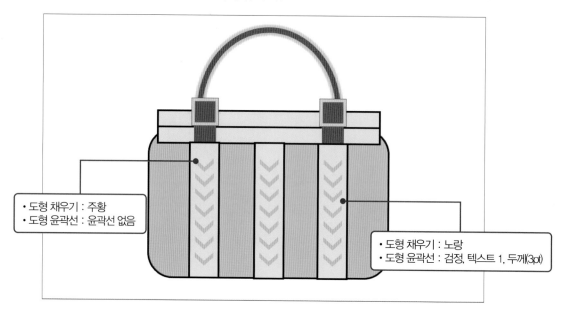

- 도형 채우기 : 주황
- 도형 윤곽선 : 윤곽선 없음

- 도형 채우기 : 노랑
- 도형 윤곽선 : 검정, 텍스트 1, 두께(3pt)

2 Shift를 누른 상태로 3개의 '직사각형(□)' 도형을 선택한 후 [그리기 도구]-[서식] 탭-[도형 스타일] 그룹-[도형 효과]-[네온]-[다른 네온 색]-[진한 파랑]을 클릭합니다.

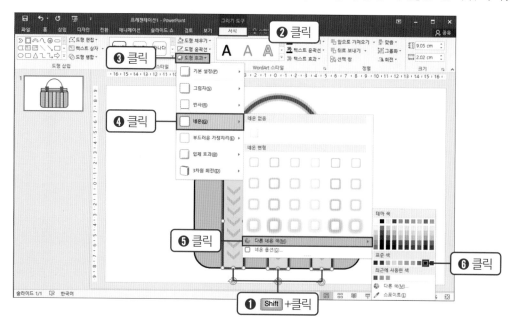

혼자 할 수 있어요!

01 도형을 삽입한 후 네온 효과를 이용하여 그림과 같이 립스틱을 완성해 보세요.

• 완성 파일 : 08_립스틱_완성.pptx

Hint
• '순서도: 수행의 시작/종료', '타원', '정육면체', '포인트가 4개인 별' 도형 이용
• 도형 채우기 및 도형 윤곽선, 네온 효과 임의 지정

02 도형을 삽입한 후 다른 네온 색 효과를 이용하여 그림과 같이 우산을 완성해 보세요.

• 완성 파일 : 08_우산_완성.pptx

Hint
• '이등변 삼각형', '원형', '타원', '직사각형', '막힌 원호' 도형 이용
• 도형 채우기 및 도형 윤곽선, 다른 네온 색 효과 임의 지정

09 우주 인공위성 만들기

- 도형을 그룹화하여 하나로 묶어요.
- 도형에 대시 스타일을 지정해요.

▶ 완성 파일 : 09_인공위성_완성.pptx

미션 1 도형을 그룹화하여 하나로 묶어 보아요.

① 그림과 같이 도형을 삽입한 후 도형 채우기와 도형 윤곽선을 지정해 봅니다.

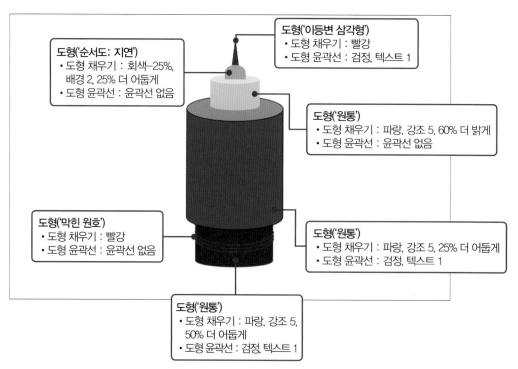

도형('순서도: 지연')
- 도형 채우기 : 회색–25%, 배경 2, 25% 더 어둡게
- 도형 윤곽선 : 윤곽선 없음

도형('이등변 삼각형')
- 도형 채우기 : 빨강
- 도형 윤곽선 : 검정, 텍스트 1

도형('원통')
- 도형 채우기 : 파랑, 강조 5, 60% 더 밝게
- 도형 윤곽선 : 윤곽선 없음

도형('막힌 원호')
- 도형 채우기 : 빨강
- 도형 윤곽선 : 윤곽선 없음

도형('원통')
- 도형 채우기 : 파랑, 강조 5, 25% 더 어둡게
- 도형 윤곽선 : 검정, 텍스트 1

도형('원통')
- 도형 채우기 : 파랑, 강조 5, 50% 더 어둡게
- 도형 윤곽선 : 검정, 텍스트 1

② 마우스를 드래그하여 삽입한 도형을 모두 선택한 후 [그리기 도구]–[서식] 탭–[정렬] 그룹–[그룹화(🗔)]–[그룹]을 클릭하여 하나의 개체로 만듭니다.

미션2 **도형에 대시 스타일을 지정해 보아요.**

① 그룹으로 묶은 도형을 회전시킨 후 '선(◩)' 도형을 그림과 같이 삽입하고 [그리기 도구]−
[서식] 탭−[도형 스타일] 그룹−[도형 윤곽선]−[검정, 텍스트 1], [두께]−[6pt]로 지정합니다.

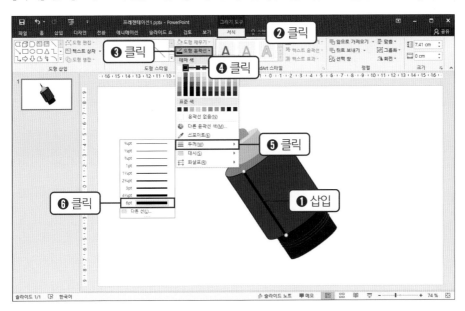

② 이어서 [도형 윤곽선]−[대시]−[사각 점선]을 선택합니다.

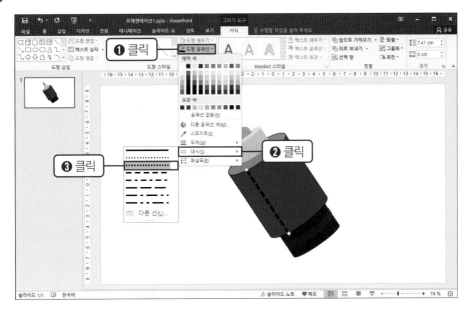

❸ '평행 사변형(▱)', '선(◣)' 도형을 그림과 같이 삽입한 후 '평행 사변형(▱)' 도형을 선택하고 [그리기 도구]–[서식] 탭–[도형 스타일] 그룹–[도형 채우기]–[노랑], [도형 윤곽선]–[검정, 텍스트 1]로 지정합니다. 이어서 '선(◣)' 도형을 선택한 후 [도형 윤곽선]–[검정, 텍스트 1]– [두께]–[$2^{1/4}$pt], [대시]–[둥근 점선]으로 지정합니다.

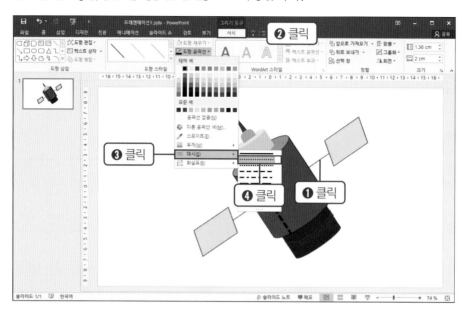

❹ '타원(◯)' 도형을 삽입한 후 [그리기 도구]–[서식] 탭–[도형 스타일] 그룹–[도형 채우기]– [빨강], [도형 윤곽선]–[윤곽선 없음]으로 지정한 후 [도형 효과]–[네온]–[주황, 5 pt 네온, 강조색 2]를 클릭합니다.

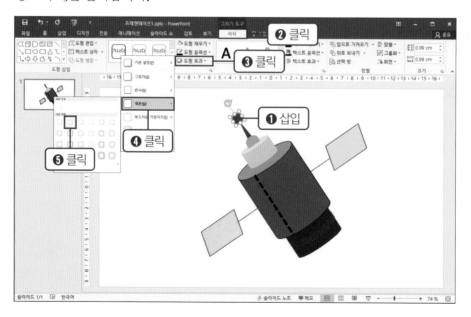

혼자 할 수 있어요!

01 도형을 삽입한 후 도형을 그룹화하고 대시 스타일을 이용하여 그림과 같이 로켓을 완성해 보세요.

• 완성 파일 : 09_로켓_완성.pptx

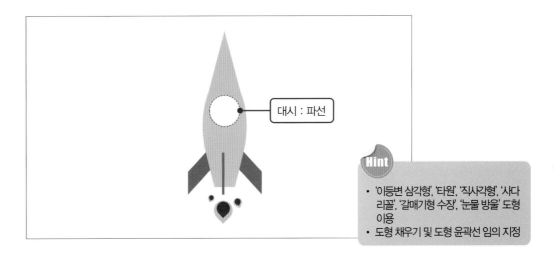

대시 : 파선

Hint
• '이등변 삼각형', '타원', '직사각형', '사다리꼴', '갈매기형 수장', '눈물 방울' 도형 이용
• 도형 채우기 및 도형 윤곽선 임의 지정

02 도형을 삽입한 후 도형을 그룹화하고 대시 스타일을 이용하여 그림과 같이 새집을 완성해 보세요.

• 완성 파일 : 09_새집_완성.pptx

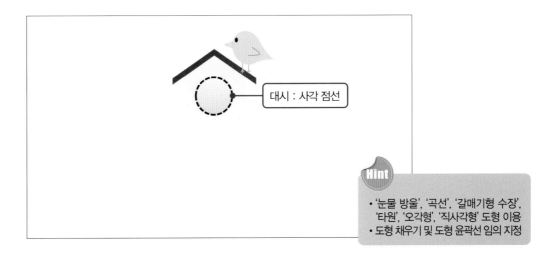

대시 : 사각 점선

Hint
• '눈물 방울', '곡선', '갈매기형 수장', '타원', '오각형', '직사각형' 도형 이용
• 도형 채우기 및 도형 윤곽선 임의 지정

10 맛있는 감자튀김 만들기

학 습 목 표

• 도형에 3차원 회전을 지정해요.
• 도형에 기본 설정을 지정해요.

▶ 완성 파일 : 10_감자튀김_완성.pptx

미션 1 **도형에 3차원 회전을 지정해 보아요.**

❶ '순서도: 지연(▢)', '정육면체(▢)' 도형을 삽입한 후 도형 채우기와 도형 윤곽선을 각각 지정합니다. 이어서 '순서도: 지연(▢)' 도형을 그림과 같이 회전시키고 '정육면체(▢)' 도형의 모양 조절점(◉)을 드래그하여 모양을 변경합니다.

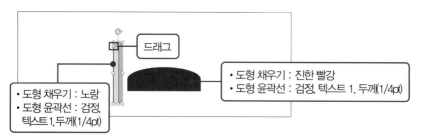

드래그

• 도형 채우기 : 진한 빨강
• 도형 윤곽선 : 검정, 텍스트 1, 두께(1/4pt)

• 도형 채우기 : 노랑
• 도형 윤곽선 : 검정,
  텍스트 1, 두께(1/4pt)

❷ '정육면체(▢)' 도형을 선택한 후 [그리기 도구]-[서식] 탭-[도형 스타일] 그룹-[도형 효과]-[3차원 회전]-[등각 왼쪽을 아래로]를 클릭합니다.

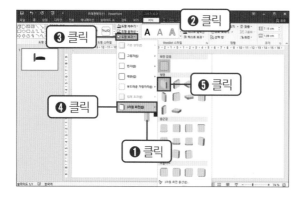

❸ 3차원 회전 효과를 적용한 '정육면체(▨)' 도형을 그림과 같이 여러 개 복사한 후 회전시키고 위치를 조절합니다.

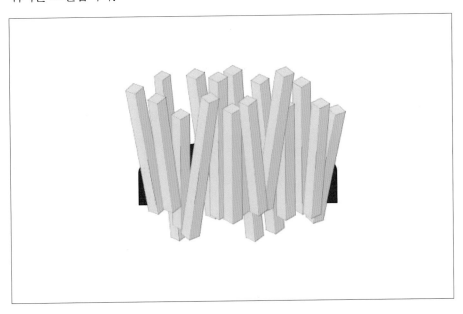

❹ '순서도: 저장 데이터(▱)' 도형을 삽입하여 회전시키고 그림과 같이 위치를 조절한 후 [그리기 도구]-[서식] 탭-[도형 스타일] 그룹에서 도형 채우기를 '빨강', 도형 윤곽선을 '검정, 텍스트 1'로 지정하고, [도형 채우기]-[그라데이션]-[선형 대각선 : 왼쪽 아래에서 오른쪽 위로]를 클릭합니다.

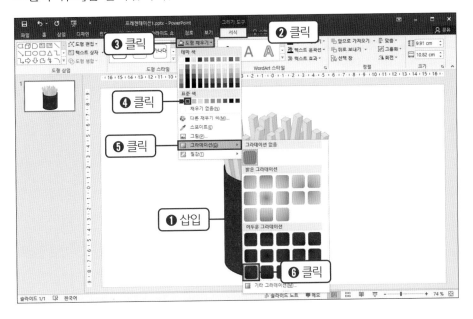

미션 2 **도형에 기본 설정을 지정해 보아요.**

① '원형(◖)' 도형을 삽입하고 도형 채우기와 도형 윤곽선을 지정한 후 그림과 같이 크기와 위치를 조절합니다.

> • 도형 채우기 : 황금색, 강조 4, 40% 더 밝게
> • 도형 윤곽선 : 윤곽선 없음

② '원형(◖)' 도형을 선택한 후 [그리기 도구]-[서식] 탭-[도형 스타일] 그룹-[도형 효과]-[기본 설정]-[기본 설정 1]을 클릭합니다.

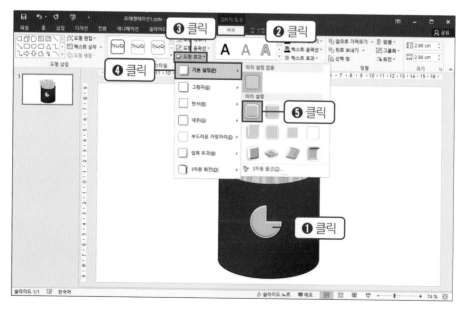

혼자 할 수 있어요!

10

01 도형을 삽입하고 기본 설정과 3차원 회전을 이용하여 그림과 같이 이정표를 완성해 보세요.

• 완성 파일 : 10_이정표_완성.pptx

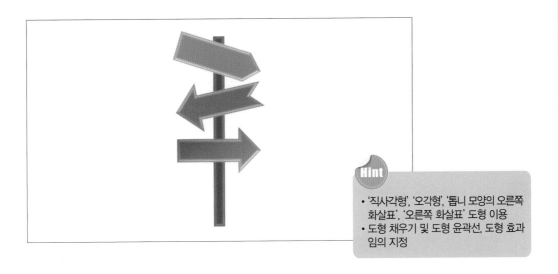

> **Hint**
> • '직사각형', '오각형', '톱니 모양의 오른쪽 화살표', '오른쪽 화살표' 도형 이용
> • 도형 채우기 및 도형 윤곽선, 도형 효과 임의 지정

02 도형을 삽입하고 기본 설정을 이용하여 그림과 같이 공책을 완성해 보세요.

• 완성 파일 : 10_공책_완성.pptx

> **Hint**
> • '직사각형', '선', '타원', '정육면체' 도형 이용
> • 도형 채우기 및 도형 윤곽선 도형 효과 임의 지정

11 알록달록 무지개 만들기

▶ 완성 파일 : 11_무지개_완성.pptx

미션1 **그라데이션 중지점 색을 변경해 보아요.**

❶ '막힌 원호(⌒)' 도형을 삽입한 후 [그리기 도구]-[서식] 탭-[도형 스타일] 그룹-[도형 채우기]-[그라데이션]-[기타 그라데이션]을 클릭합니다.

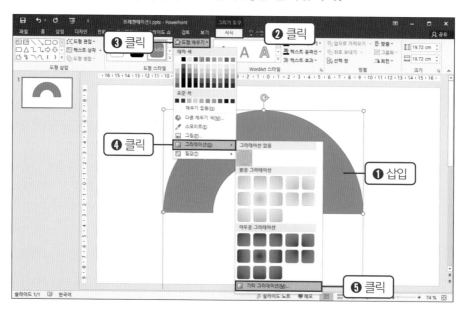

Tip
삽입한 '막힌 원호' 도형을 마우스 오른쪽 단추로 클릭한 후 [도형 서식]을 클릭해도 돼요.

2 화면 오른쪽에 [도형 서식] 창이 나타나면 [채우기 및 선]-[채우기]-[그라데이션 채우기]를 클릭합니다.

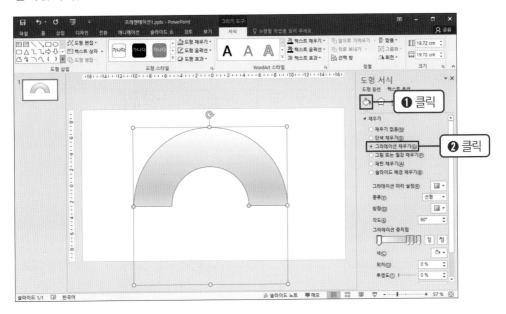

3 [색]에서 '빨강'을 선택한 후 도형의 색상이 그라데이션으로 변경된 것을 확인합니다.

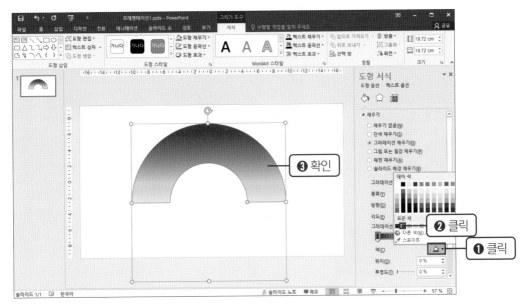

1 [그라데이션 중지점 추가(⬚)] 단추를 두 번 클릭하여 중지점을 2개 추가합니다.

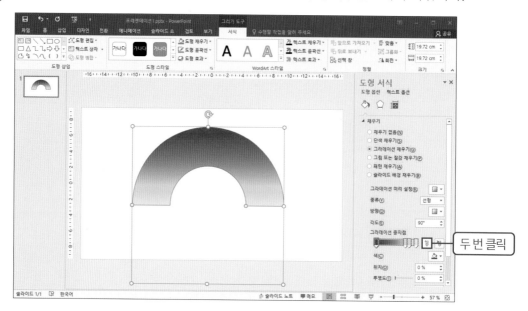

2 중지점이 추가되면 중지점의 색상을 '주황', '노랑', '연한 녹색', '파랑', '자주' 순서로 각각 변경합니다.

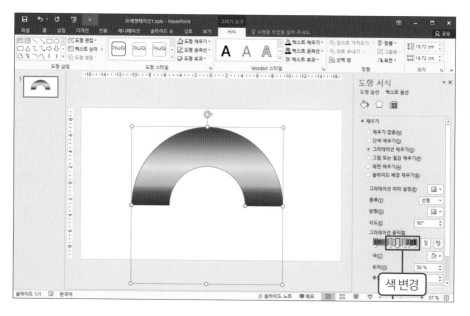

3 각 중지점의 위치를 조절하여 그라데이션을 설정한 후 [닫기(☒)] 단추를 클릭합니다.

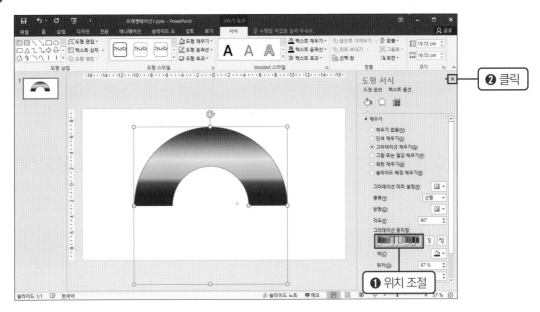

4 이어서 그림과 같이 '구름(☁)' 도형을 삽입한 후 도형 채우기와 도형 윤곽선을 지정합니다.

• 도형 채우기 : 파랑, 강조 1, 80% 더 밝게
• 도형 윤곽선 : 윤곽선 없음

11 혼자 할 수 있어요!

01 도형을 삽입하고 그라데이션 중지점을 이용하여 그림과 같이 블루레몬에이드를 완성해 보세요.

• 완성 파일 : 11_블루레몬에이드_완성.pptx

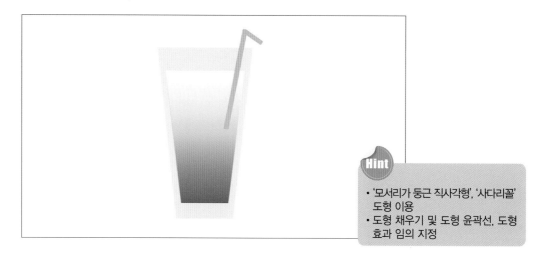

Hint
• '모서리가 둥근 직사각형', '사다리꼴' 도형 이용
• 도형 채우기 및 도형 윤곽선, 도형 효과 임의 지정

02 도형을 삽입하고 그라데이션 중지점을 이용하여 그림과 같이 반지를 완성해 보세요.

• 완성 파일 : 11_반지_완성.pptx

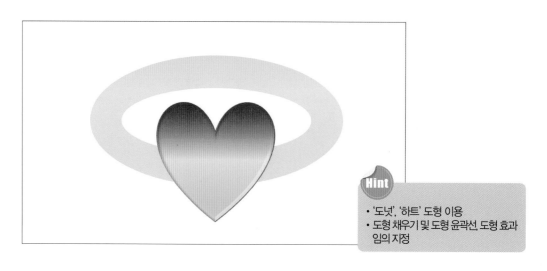

Hint
• '도넛', '하트' 도형 이용
• 도형 채우기 및 도형 윤곽선, 도형 효과 임의 지정

12 꽃밭의 나비 만들기

학 습 목 표

· 도형의 투명도를 변경해요.
· 도형에 다른 채우기 색을 지정해요.

▶ 완성 파일 : 12_나비_완성.pptx

미션 1 **도형의 투명도를 변경해 보아요.**

① '타원(◎)' 도형을 6개 삽입하여 그림과 같이 꽃송이 모양을 만든 후 도형 채우기와 도형 윤곽선을 지정합니다. 같은 방법으로 '타원(◎)' 도형을 삽입하여 꽃송이를 2개 더 만든 후 도형 채우기와 도형 윤곽선을 지정합니다.

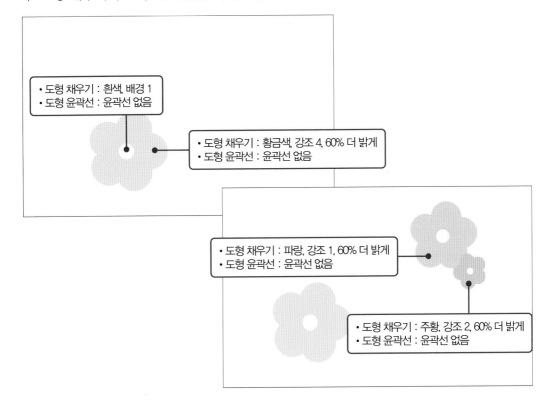

· 도형 채우기 : 흰색, 배경 1
· 도형 윤곽선 : 윤곽선 없음

· 도형 채우기 : 황금색, 강조 4, 60% 더 밝게
· 도형 윤곽선 : 윤곽선 없음

· 도형 채우기 : 파랑, 강조 1, 60% 더 밝게
· 도형 윤곽선 : 윤곽선 없음

· 도형 채우기 : 주황, 강조 2, 60% 더 밝게
· 도형 윤곽선 : 윤곽선 없음

② '눈물 방울(◌)' 도형을 그림과 같이 삽입하고 도형을 마우스 오른쪽 버튼으로 클릭한 후 [도형 서식]을 클릭합니다.

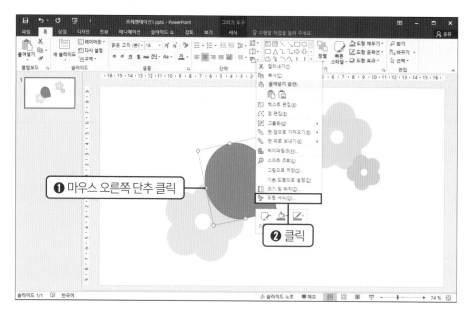

③ [도형 서식] 창이 나타나면 [채우기 및 선]-[채우기]-[단색 채우기]-[색]-[자주]를 선택 합니다.

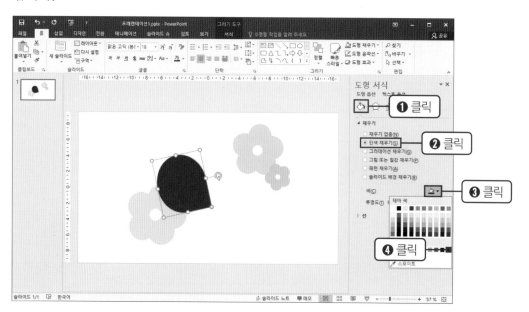

4 이어서 투명도를 '30%'로 설정한 후 [선]-[선 없음]을 클릭합니다.

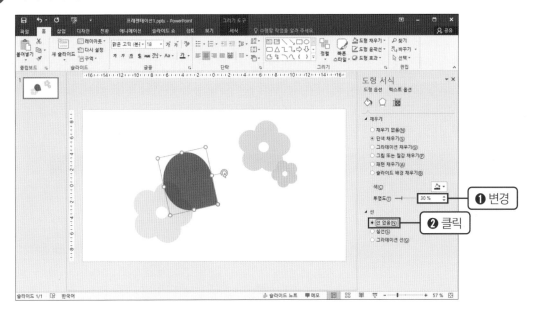

5 Ctrl 을 누른 상태로 '눈물 방울(◯)' 도형을 드래그하여 복사한 후 복사된 '눈물 방울(◯)' 도형을 선택하고 [그리기 도구]-[서식] 탭-[정렬] 그룹-[회전(◭)]-[좌우 대칭]을 클릭합니다.

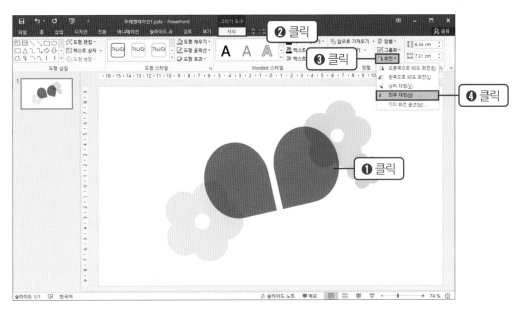

미션 2 **도형에 다른 채우기 색을 지정해 보아요.**

1 Ctrl 을 누른 상태로 '눈물 방울(◌)' 도형을 드래그하여 복사한 후 그림과 같이 회전시키고 크기를 조절합니다. 이어서 복사된 '눈물 방울(◌)' 도형을 선택하고 [그리기 도구]−[서식] 탭−[도형 스타일] 그룹−[도형 채우기]−[다른 채우기 색]을 클릭하여 [색] 대화상자가 나타나면 [사용자 지정] 탭을 클릭한 후 원하는 색상을 선택하고 [확인] 단추를 클릭합니다.

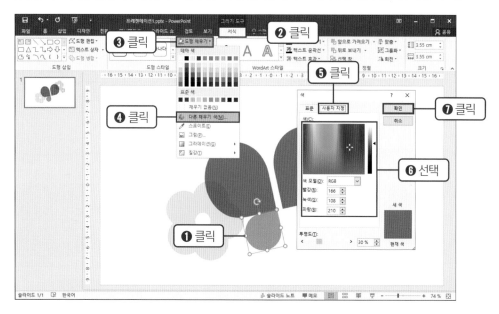

2 다른 채우기 색이 적용된 '눈물 방울(◌)' 도형을 복사하여 회전시킨 후 그림과 같이 '타원(◯)' 도형과 '자유 곡선(✍)' 도형으로 나비의 몸통과 더듬이를 만들고 도형 채우기와 도형 윤곽선을 지정합니다.

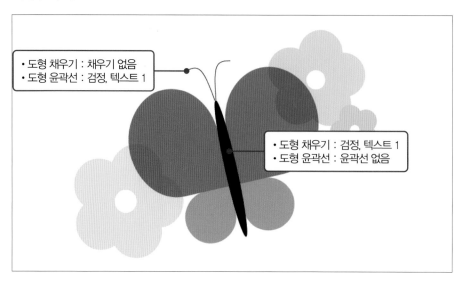

혼자 할 수 있어요!

01 도형을 삽입하고 도형의 투명도를 설정하여 그림과 같이 딸기잼 통을 완성해 보세요.

• 완성 파일 : 12_딸기잼_완성.pptx

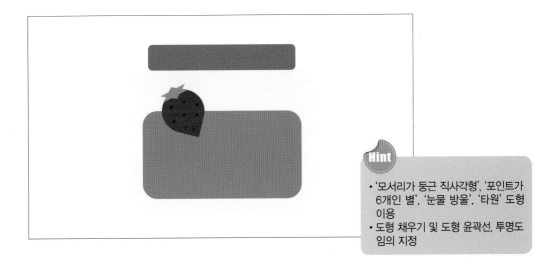

Hint
• '모서리가 둥근 직사각형', '포인트가 6개인 별', '눈물 방울', '타원' 도형 이용
• 도형 채우기 및 도형 윤곽선, 투명도 임의 지정

02 도형을 삽입하고 도형의 투명도를 설정하여 그림과 같이 선글라스를 완성해 보세요.

• 완성 파일 : 12_선글라스_완성.pptx

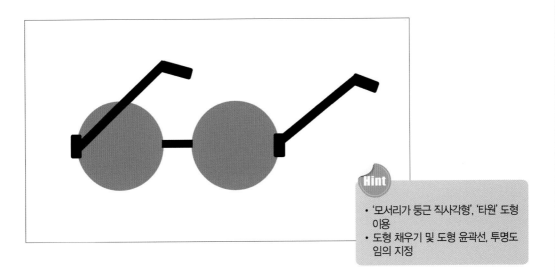

Hint
• '모서리가 둥근 직사각형', '타원' 도형 이용
• 도형 채우기 및 도형 윤곽선, 투명도 임의 지정

13 따뜻한 눈사람 만들기

학 습 목 표

• 부드러운 가장자리 효과를 지정해요.
• 그림자 효과를 지정해요.

▶ 완성 파일 : 13_눈사람_완성.pptx

 미션1 도형에 부드러운 가장자리 효과를 지정해 보아요.

1 '타원(◯)' 도형을 삽입한 후 도형 채우기와 도형 윤곽선을 지정합니다. 이어서 [그리기 도구]-[서식] 탭-[도형 스타일] 그룹-[도형 효과]-[부드러운 가장자리]-[2.5 포인트]를 선택합니다.

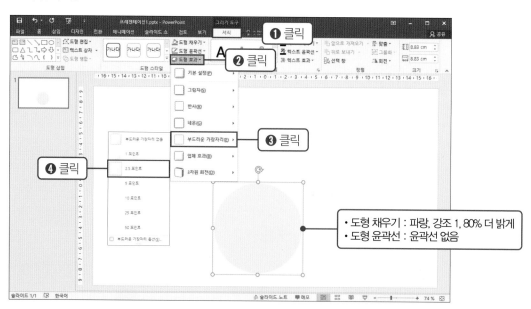

2 '타원(◯)' 도형을 선택하고 Ctrl 을 누른 상태로 드래그하여 복사한 후 그림과 같이 크기와 위치를 조절합니다.

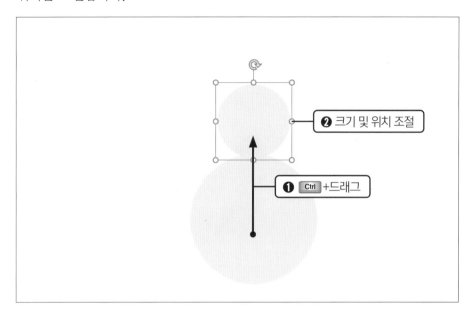

3 '순서도: 저장 데이터(▱)', '모서리가 둥근 직사각형(▢)', '이등변 삼각형(△)' 도형을 삽입하여 그림과 같이 크기와 위치를 조절하고 Shift 를 누른 상태로 각 도형을 선택한 후 [그리기 도구]–[서식] 탭–[도형 스타일] 그룹–[도형 채우기]–[빨강], [도형 윤곽선]–[윤곽선 없음]으로 지정합니다.

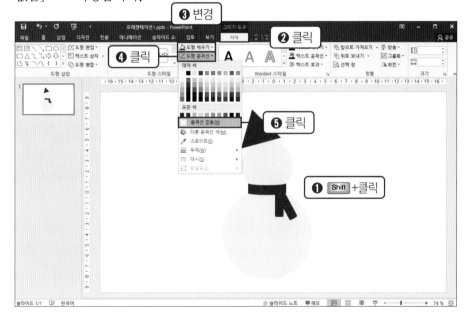

④ '순서도: 수행의 시작/종료(▭)', '타원(◯)' 도형을 삽입하고 그림과 같이 크기와 위치를 조절한 후 도형 채우기와 도형 윤곽선을 지정합니다. 이어서 [그리기 도구]–[서식] 탭–[도형 스타일] 그룹–[도형 효과]–[부드러운 가장자리]–[2.5 포인트]를 선택합니다.

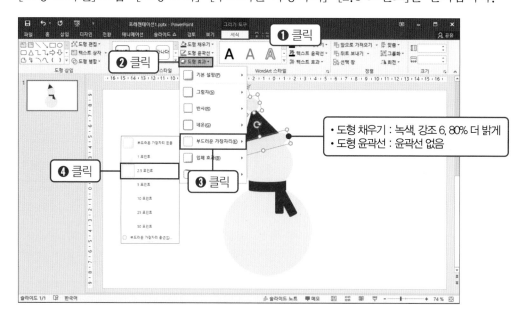

⑤ '타원(◯)', '이등변 삼각형(△)', '선(＼)' 도형을 삽입하여 그림과 같이 눈사람의 눈, 코, 입, 단추, 팔을 만들고 도형 채우기와 도형 윤곽선을 지정합니다.

미션 2 **도형에 그림자 효과를 지정해 보아요.**

① 마우스를 드래그하여 도형을 모두 선택한 후 [그리기 도구]–[서식] 탭–[정렬] 그룹–[그룹화(▣)]–
[그룹]을 클릭합니다.

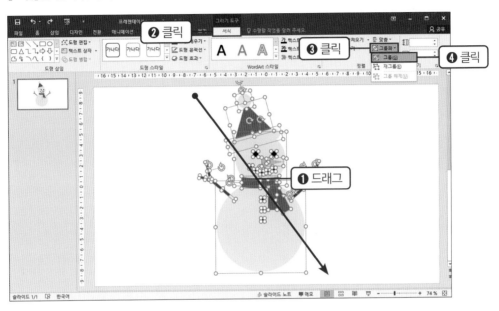

② 그룹화된 도형을 선택한 후 [그리기 도구]–[서식] 탭–[도형 스타일] 그룹–[도형 효과]–
[그림자]–[오프셋 대각선 왼쪽 아래]를 클릭합니다.

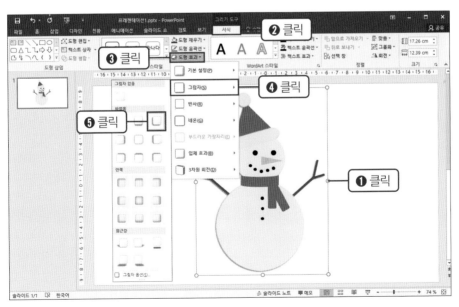

13 혼자 할 수 있어요!

01 도형을 삽입하고 다른 채우기 색과 부드러운 가장자리 효과를 이용하여 그림과 같이 고양이를 완성해 보세요.

• 완성 파일 : 13_고양이_완성.pptx

Hint
- '이등변 삼각형', '타원', '사다리꼴', '자유 곡선', '저장 데이터', '직사각형' 도형 이용
- 도형 채우기 및 도형 윤곽선, 부드러운 가장자리 효과 임의 지정

02 도형을 삽입하고 다른 채우기 색과 그림자 효과를 이용하여 그림과 같이 솜사탕을 완성해 보세요.

• 완성 파일 : 13_솜사탕_완성.pptx

Hint
- '구름', '정육면체' 도형 이용
- 도형 채우기 및 도형 윤곽선, 그림자 효과 임의 지정

14 달콤한 사탕 만들기

학 습 목 표

- 그림 파일을 삽입해요.
- 점 편집 기능을 이용하여 도형 모양을 변경해요.
- 스포이트를 이용하여 색을 설정해요.

▶ 예제 파일 : 사탕.png
▶ 완성 파일 : 14_사탕_완성.pptx

미션 1 그림 파일을 삽입해 보아요.

1 [삽입] 탭-[이미지] 그룹-[그림(🖼)]을 클릭하여 [그림 삽입] 대화상자가 나타나면 '사탕.png' 파일을 선택하고 [삽입] 단추를 클릭하여 그림을 삽입합니다.

2 '이등변 삼각형(△)' 도형을 삽입한 후 회전 조절점(◎)을 드래그하여 그림과 같이 회전시킵니다.

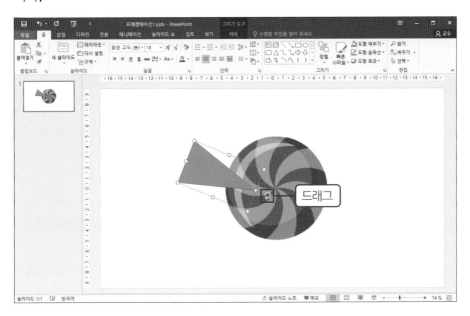

미션 2 **점 편집 기능을 이용하여 도형의 모양을 변경해 보아요.**

❶ '이등변 삼각형(△)' 도형을 선택한 후 [그리기 도구]―[서식] 탭―[도형 삽입] 그룹―[도형 편집]―[점 편집]을 클릭합니다.

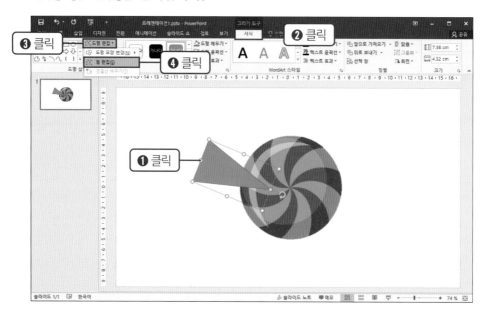

❷ 도형에 검은색 점이 나타나면 검은색 점을 클릭한 후 하얀색 편집점을 드래그하여 도형의 모양을 변경합니다.

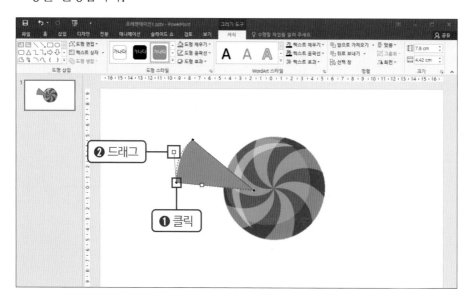

미션 3 **스포이트를 이용하여 색을 설정해 보아요.**

① 점 편집을 완료한 '이등변 삼각형(△)' 도형을 선택한 후 [그리기 도구]–[서식] 탭–[도형 스타일] 그룹–[도형 채우기]–[스포이트]를 클릭합니다.

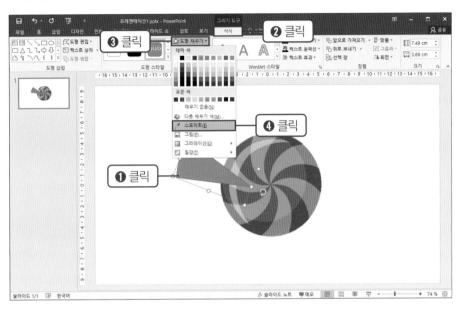

② 마우스 포인터가 스포이트(✐) 모양으로 바뀌면 '사탕' 그림에서 원하는 색을 클릭합니다. 이어서 도형 윤곽선을 '윤곽선 없음'으로 지정하고 '이등변 삼각형(△)' 도형을 복사한 후 같은 방법으로 색을 설정하여 사탕을 완성해 봅니다.

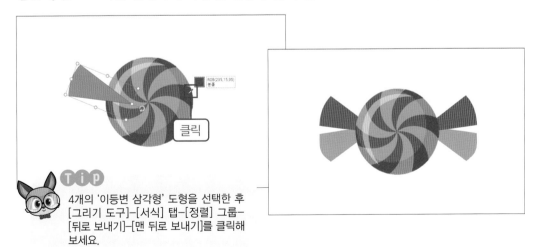

TiP 4개의 '이등변 삼각형' 도형을 선택한 후 [그리기 도구]–[서식] 탭–[정렬] 그룹– [뒤로 보내기]–[맨 뒤로 보내기]를 클릭해 보세요.

14 혼자 할 수 있어요!

01 도형과 그림을 삽입하여 그림과 같이 막대사탕을 완성해 보세요.

• 예제 파일 : 리본.png
• 완성 파일 : 14_막대사탕_완성.pptx

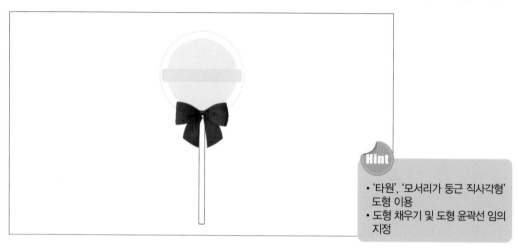

Hint
• '타원', '모서리가 둥근 직사각형' 도형 이용
• 도형 채우기 및 도형 윤곽선 임의 지정

02 도형을 삽입하고 점 편집 기능을 이용하여 그림과 같이 돌고래를 완성해 보세요.

• 완성 파일 : 14_돌고래_완성.pptx

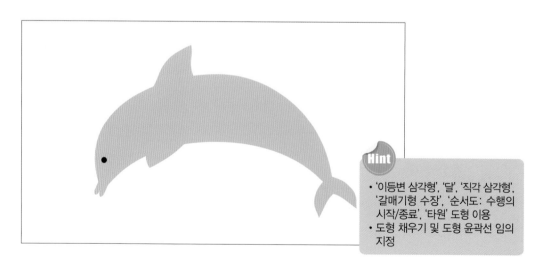

Hint
• '이등변 삼각형', '달', '직각 삼각형', '갈매기형 수장', '순서도: 수행의 시작/종료', '타원' 도형 이용
• 도형 채우기 및 도형 윤곽선 임의 지정

15 알에서 나온 병아리 만들기

 도형을 병합해 보아요.

① '타원(◎)' 도형을 삽입한 후 도형 채우기와 도형 윤곽선을 지정합니다.

• 도형 채우기 : 황금색, 강조 4, 80% 더 밝게
• 도형 윤곽선 : 윤곽선 없음

❷ '포인트가 10개인 별()' 도형을 삽입하여 그림과 같이 크기와 위치를 조절합니다. 이어서 마우스를 드래그하여 '타원(◎)' 도형과 '포인트가 10개인 별()' 도형을 선택한 후 Ctrl 을 누른 상태로 드래그하여 복사합니다.

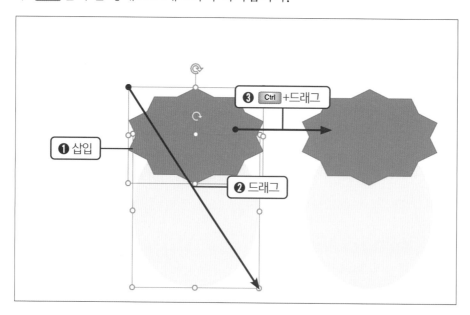

❸ 왼쪽의 '타원(◎)' 도형을 클릭하고 Shift 를 누른 상태로 '포인트가 10개인 별()' 도형을 클릭한 후 [그리기 도구]-[서식] 탭-[도형 삽입] 그룹-[도형 병합]-[빼기]를 클릭합니다.

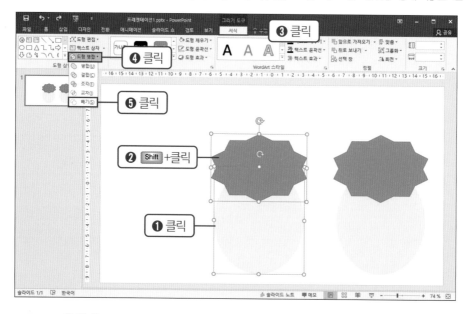

TIP

[도형 병합]-[빼기]를 적용했을 때 윗부분이 깨진 달걀 모양을 만들기 위해 '타원' 도형을 먼저 선택한 후 '포인트가 10개인 별' 도형을 선택해야 해요.

4 ❸과 같은 방법으로 오른쪽의 '타원(◯)' 도형과 '포인트가 10개인 별(✳)' 도형을 차례대로 선택한 후 [그리기 도구]–[서식] 탭–[도형 삽입] 그룹–[도형 병합]–[교차]를 클릭합니다.

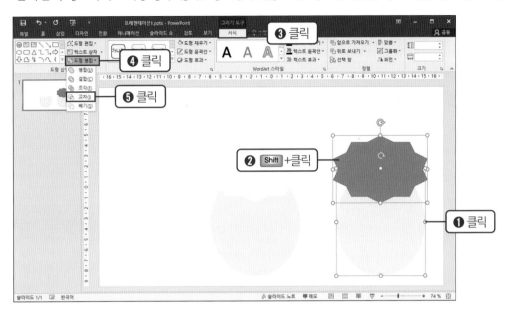

5 '타원(◯)' 도형과 '포인트가 10개인 별(✳)' 도형에 '도형 병합' 효과가 적용된 모습을 확인합니다.

그림 파일을 삽입해 보아요.

1 [삽입] 탭-[이미지] 그룹-[그림(🖻)]을 클릭하여 '병아리.png' 그림을 삽입하고 [그리기 도구]-[서식] 탭-[정렬] 그룹-[뒤로 보내기(🖻)]-[맨 뒤로 보내기]를 클릭합니다.

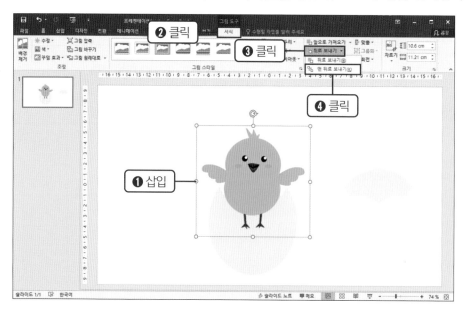

2 '타원(◯)' 도형을 선택하여 [그리기 도구]-[서식] 탭-[도형 스타일] 그룹-[도형 효과]-[그림자]-[오프셋 아래쪽]을 클릭한 후 '타원(◯)' 도형을 추가하고 크기와 위치를 조절합니다. 이어서 오른쪽 도형의 위치를 조절하여 그림과 같이 완성해 봅니다.

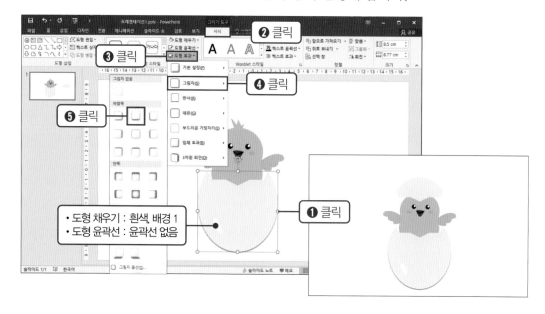

15 혼자 할 수 있어요!

01 도형과 그림을 삽입하고 도형 병합 기능을 이용하여 그림과 같이 사과를 완성해 보세요.

• 예제 파일 : 애벌레.png
• 완성 파일 : 15_사과_완성.pptx

Hint
• '눈물 방울', '모서리가 둥근 직사각형', '타원' 도형 이용
• 도형 채우기 및 도형 윤곽선, 도형 효과 임의 지정

02 도형을 삽입하고 도형 병합 기능을 이용하여 그림과 같이 핫도그를 완성해 보세요.

• 완성 파일 : 15_핫도그_완성.pptx

Hint
• '타원', '정육면체', '곡선' 도형 이용
• 도형 채우기 및 도형 윤곽선, 도형 효과 임의 지정

16 예쁜 소녀 얼굴 만들기

- 자유형 도형을 이용하여 앞머리를 만들어요.
- 잉크 입력 시작 도구를 이용하여 눈썹과 귀를 그려요.

▶ 완성 파일 : 16_소녀_완성.pptx

미션 1 자유형 도형을 이용하여 앞머리를 만들어 보아요.

❶ '원형(◔)', '타원(◯)', '이등변 삼각형(△)' 도형을 삽입한 후 도형 채우기와 도형 윤곽선을
지정하여 그림과 같이 소녀의 얼굴과 머리를 만듭니다.

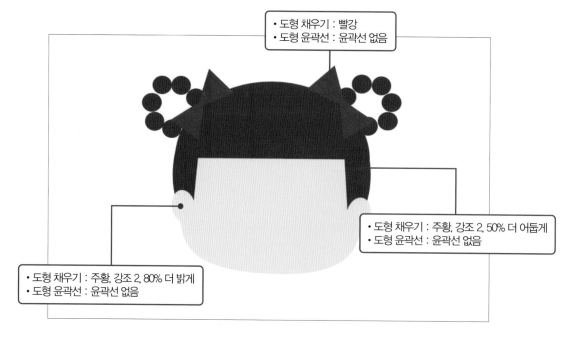

- 도형 채우기 : 빨강
- 도형 윤곽선 : 윤곽선 없음

- 도형 채우기 : 주황, 강조 2, 50% 더 어둡게
- 도형 윤곽선 : 윤곽선 없음

- 도형 채우기 : 주황, 강조 2, 80% 더 밝게
- 도형 윤곽선 : 윤곽선 없음

2 '자유형(☐)' 도형을 선택한 후 그리고 싶은 모양을 클릭해 가며 앞머리를 그린 후 그리기가
완료되면 더블클릭하여 그리기를 완료합니다.

3 삽입된 '자유형(☐)' 도형을 선택한 후 [그리기 도구]–[서식] 탭–[도형 스타일] 그룹–[도형
채우기]–[주황, 강조 2, 80% 더 밝게], [도형 윤곽선]–[윤곽선 없음]으로 지정합니다.

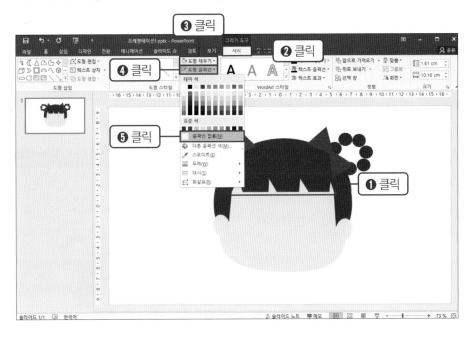

잉크 입력 시작 도구를 이용하여 눈썹과 귀를 그려 보아요.

1 '타원(◯)', '달(☾)' 도형을 삽입한 후 도형 채우기와 도형 윤곽선을 지정하여 그림과 같이 소녀의 눈과 입, 볼을 만듭니다.

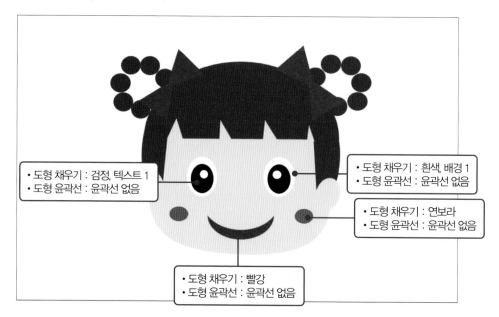

2 소녀의 눈썹을 만들기 위해 [검토] 탭-[잉크] 그룹-[잉크 입력 시작(✏)]을 클릭한 후 [펜] 그룹에서 '검정 펜(1mm)'을 선택합니다.

③ 마우스 포인터의 모양이 검정색 점으로 바뀌면 마우스를 드래그하여 소녀의 눈썹을 그린 후 [잉크 도구]-[펜] 탭-[닫기] 그룹-[잉크 입력 중지(☒)]를 클릭합니다.

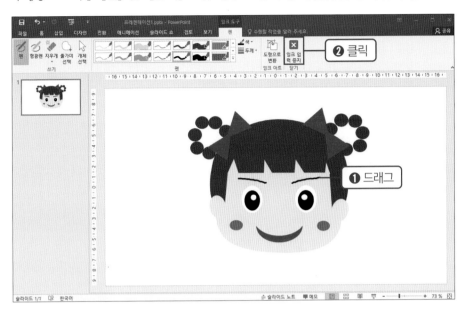

④ 같은 방법으로 잉크 입력 시작 도구를 이용하여 그림과 같이 소녀의 귀를 그려 소녀의 얼굴을 완성합니다.

16 혼자 할 수 있어요!

01 도형을 삽입하고 자유형 도형을 이용하여 그림과 같이 단발머리 소녀를 완성해 보세요.

• 완성 파일 : 16_단발머리소녀_완성.pptx

Hint
• '원형', '타원', '현', '정오각형', '직사각형', '사다리꼴', '순서도: 지연' 도형 이용
• 도형 채우기 및 도형 윤곽선 임의 지정

02 도형을 삽입하고 자유형 도형과 잉크 입력 시작 도구를 이용하여 그림과 같이 스폰지밥을 완성해 보세요.

• 완성 파일 : 16_스폰지밥_완성.pptx

Hint
• '자유 곡선', '눈물 방울', '사다리꼴', '모서리가 둥근 직사각형', '타원', '직사각형' 도형 이용
• 도형 채우기 및 도형 윤곽선 임의 지정

01 솜씨 어때요?

01 삐약삐약 귀여운 병아리를 완성해 보세요.

• 완성 파일 : 솜씨어때요01_병아리_완성.pptx

Hint
- '타원', '하트', '선' 도형 이용
- 도형 채우기 및 도형 윤곽선 임의 지정

02 알록달록 팔레트를 완성해 보세요.

• 완성 파일 : 솜씨어때요02_팔레트_완성.pptx

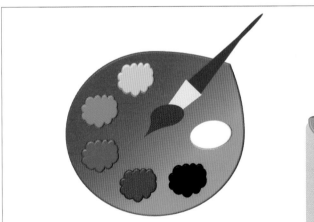

Hint
- '눈물 방울', '구름', '타원', '이등변 삼각형' 도형 이용
- [그리기 도구]–[서식] 탭–[도형 스타일] 그룹–[도형 효과]–[입체 효과] 지정
- [도형 서식] 창–[채우기]–[그라데이션 채우기]에서 그라데이션 중지점 지정

02 솜씨 어때요?

01 맛있는 쿠키맨을 완성해 보세요.

• 완성 파일 : 솜씨어때요03_쿠키맨_완성.pptx

Hint

'타원', '순서도: 수행의 시작/종료', '이등변 삼각형', '원호', '자유 곡선' 도형 이용

02 귀여운 도라에몽을 완성해 보세요.

• 완성 파일 : 솜씨어때요04_도라에몽_완성.pptx

Hint

• '타원', '선', '달' '모서리가 둥근 직사각형', '순서도: 수행의 시작/종료' 도형 이용
• [그리기 도구]-[서식] 탭-[도형 스타일] 그룹-[도형 효과]에서 입체 효과와 네온 효과 지정

03 솜씨 어때요?

01 우리나라 태극기를 완성해 보세요.

• 완성 파일 : 솜씨어때요05_태극기_완성.pptx

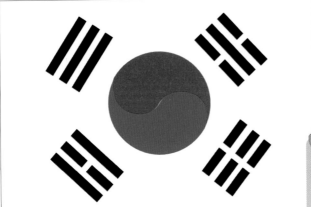

Hint
• '원형', '직사각형' 도형 이용
• [그리기 도구]-[서식] 탭-[도형 삽입] 그룹-[도형 편집]-[점 편집] 이용하여 도형 모양 변경

02 달콤한 생일 케이크를 완성해 보세요.

• 완성 파일 : 솜씨어때요06_케이크_완성.pptx

Hint
• '원통', '모서리가 둥근 직사각형', '눈물 방울' 도형 삽입
• [그리기 도구]-[서식] 탭-[도형 스타일] 그룹-[도형 효과]에서 네온 효과 적용
• [예제 파일] 폴더에서 그림 삽입

04 솜씨 어때요?

01 바다 위 돛단배를 완성해 보세요

• 완성 파일 : 솜씨어때요07_돛단배_완성.pptx

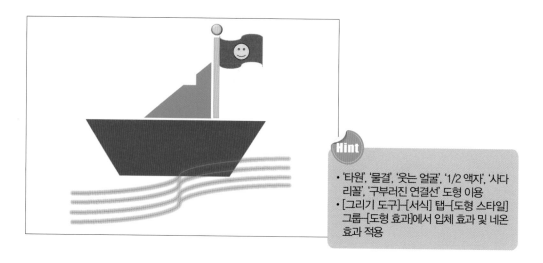

Hint
- '타원', '물결', '웃는 얼굴', '1/2 액자', '사다리꼴', '구부러진 연결선' 도형 이용
- [그리기 도구]–[서식] 탭–[도형 스타일] 그룹–[도형 효과]에서 입체 효과 및 네온 효과 적용

02 깡총깡총 토끼를 완성해 보세요.

• 완성 파일 : 솜씨어때요08_토끼_완성.pptx

Hint
- '타원', '눈물 방울', '이등변 삼각형' 도형 이용
- 잉크 입력 시작 도구로 입술 표현
- [그리기 도구]–[서식] 탭–[도형 스타일] 그룹–[도형 효과]에서 부드러운 가장자리 효과 및 그림자 효과 지정

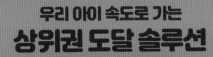